Themen-Heft

Winter

W0470943

Inhaltsverzeichnis

Über das Arbeiten mit diesen Materialien

Die Jahreszeiten sind Bestandteil der Lebenswirklichkeit des Menschen. Auch wenn viele Kinder in unserer stark von Medien bestimmten Zeit die natürlichen Vorgänge vor der Haustür und im Garten häufig nicht wahrnehmen, sind sie dennoch zumeist sehr interessiert an der Erforschung und Beobachtung natürlicher Phänomene. Thema des vorliegenden Heftes ist es, den „Winter" in seiner Bedeutung für das Leben von Menschen, Tieren und Pflanzen kennen zu lernen. In der Auseinandersetzung mit jahreszeitlich gebundenen Themen erschließen sich die Kinder ihre unmittelbare Lebensumgebung im Wandel der Jahreszeiten und erweitern so ihre kognitiven und emotionalen Fähigkeiten.

Die vorliegenden Materialien sind fächerübergreifend und entsprechen den Lehrplänen Deutsch und Sachunterricht (bzw. dem Fach Mensch, Natur und Kultur). Die Angebote sind in drei Blöcke mit unterschiedlichen Schwierigkeitsgraden unterteilt bzw. werden unterschiedlichen Voraussetzungen gerecht.

Im ersten Block sind die Arbeitsblätter mit einem Schneemann gekennzeichnet. Sie sind großzügig illustriert, enthalten wenig Text, die Aufgabenstellungen sind mit Symbolen versehen und eignen sich für Kinder des ersten Schuljahres.
Angebote des zweiten Blocks enthalten neben ansprechenden Illustrationen etwas umfangreichere Texte, aber auch noch Symbole zu den Aufgabenstellungen. Diese etwas anspruchsvolleren Angebote sind mit zwei Schneemännern gekennzeichnet.
Die Angebote des dritten Blocks sind konzipiert für Kinder des zweiten Schuljahres. Sie enthalten Texte, deren Erschließung eine gewisse Lesefähigkeit bereits voraussetzt, und sind auch in den Aufgabenstellungen anspruchsvoller. Sie sind mit drei Schneemännern gekennzeichnet.

Das vorliegende Heft eignet sich für den Einsatz in Jahrgangsklassen ebenso wie in jahrgangsübergreifenden Lerngruppen.
Es enthält eine Blanko-Auftragskarte, da sich das Thema auch anbietet, um als Lernwerkstatt eingesetzt zu werden.

Ich wünsche Ihnen viel Erfolg und Spaß bei Ihrer Arbeit.

Eva-Maria Schmidt

Vorwort des Verlages

Liebe Kolleginnen, liebe Kollegen,

mit dem Themen-Heft **Winter 1. / 2. Klasse** aus der Themenheft-Reihe haben Sie eine Materialsammlung erworben, die Ihnen auf Grund des Aufbaus vielfältige Einsatzmöglichkeiten bietet:

- Einsatz als Themenheft, als Projekt oder auch als Werkstatt (durch die beigefügte Blanko-Auftragskarte)

- Fächerübergreifende Bearbeitung des Themas

- Arbeitsblätter entsprechend Lehrplan Sachunterricht (bzw. dem Fach Mensch, Natur und Kultur) und Deutsch

- Dreifache Differenzierung
  - zur inneren Differenzierung
  - zur vorbereitenden oder vertiefenden Hausaufgabe
  - für verschiedene Jahrgangsstufen
  - für jahrgangsübergreifende Lerngruppen

Zu Ihrer Arbeitserleichterung enthält dieses Heft einen Beurteilungsbogen zur Rückmeldung des Arbeitsverhaltens für die Schülerinnen und Schüler.

Wir wünschen Ihnen viel Erfolg bei der Arbeit mit dem Themenheft „Winter 1. / 2. Klasse“!

Ihr Buch Verlag Kempen

RÜCKMELDUNG			
Liebe / r ______________________________ , so hast du beim Thema „Winter“ gearbeitet: 			

Du hast konzentriert gearbeitet.			
Du hast selbstständig gearbeitet.			
Du hast engagiert gearbeitet.			
Du hast dich an Unterrichtsgesprächen beteiligt.			
Du hast deine Mappe in Ordnung gehalten.			
Kommentar:			

Auftragskarte zum Werkbereich:

Winter

BVK TH20 • Eva-Maria Schmidt • Themenheft „Winter 1./2. Klasse“

Themen-Heft

Winter

Übersicht der Angebote zu Stufe 1:

Lehrerinformation:

Für das Angebot „Einheimische Vögel“ (S. 11) benötigen die SchülerInnen Bestimmungsbücher.

Übersicht der Angebote zu Stufe 2:

Themen-Heft

Winter

Übersicht der Angebote zu Stufe 3:

Lehrerinformation:

Für das Angebot „Tiere im Winter“ (S. 45) benötigen die SchülerInnen Bestimmungsbücher.

BVK TH20 • Eva-Maria Schmidt • Themenheft „Winter 1./2. Klasse“

Eine Schneeballschlacht

Aufgaben

Suche die zehn Unterschiede.
Male das obere Bild bunt.

BVK TH20 • Eva-Maria Schmidt • Themenheft „Winter 1./2. Klasse“

Im Winter

Der Schneemann hat
als Nase eine Möhre.

Eine Amsel sitzt im Baum.

Lisa hat sich
warm angezogen
mit Mütze, Schal und
Handschuhen.

Marius fährt mit
seinem Schlitten
den Hügel hinunter.

Aufgaben

Lies die Sätze.
Male dazu.

Vögel im Winter

Aufgaben

- Findest du die Namen der Vögel in den Buchstaben? Kreise sie ein.
- Schreibe sie auf die Linien.
- Schneide die Bilder aus.
- Klebe sie in die passenden Kästchen.

E W Q A X D S P A T Z H J K I U T P

P O I U K L Ö A M S E L M N B E K Y

L P Z T E W M B L A U M E I S E B G I

K U I J H G D O M P F A F F L J M F R

Amsel

Spatz

Dompfaff

Blaumeise

BVK TH20 • Eva-Maria Schmidt • Themenheft „Winter 1./2. Klasse"

Einheimische Vögel

Aufgaben

Schaue dir diese Vögel in einem Buch an.

Schreibe auf die Linien:

Amsel – Spatz – Dompfaff – Blaumeise

Male die Vögel so aus, wie sie in der Natur aussehen.

BVK TH20 • Eva-Maria Schmidt • Themenheft „Winter 1./2. Klasse“

Jahreszeiten

Es war eine Mutter,
die hatte vier Kinder:
den Frühling, den Sommer,
den Herbst und den Winter.
Der Frühling bringt Blumen,
der Sommer bringt Klee,
der Herbst, der bringt Trauben,
der Winter bringt Schnee.

Aufgaben

- Lies das Gedicht.
- Schreibe es ab. Achte darauf, jede Zeile in eine neue Reihe zu schreiben.
- Male zu den vier Jahreszeiten passende Bilder.

BVK TH20 • Eva-Maria Schmidt • Themenheft „Winter 1./2. Klasse"

Der Jahreskreis

Aufgaben

Schneide die Wortkärtchen und die Bilder aus.

Klebe die Namen in die Kästchen neben den Jahreskreis. Achte dabei auf die Bäume. An ihnen erkennst du die Jahreszeiten.

Klebe auch die passenden Bildkarten dazu.

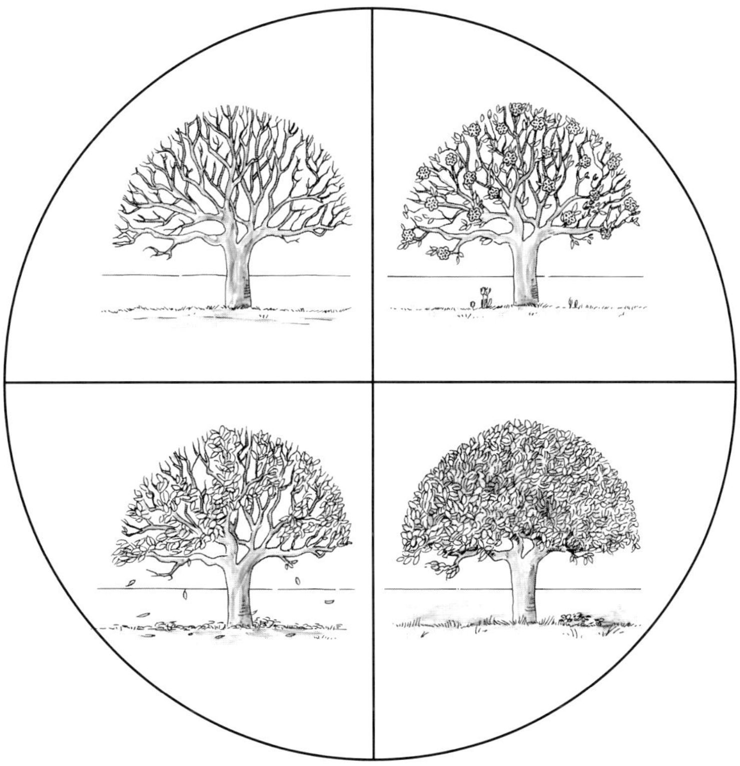

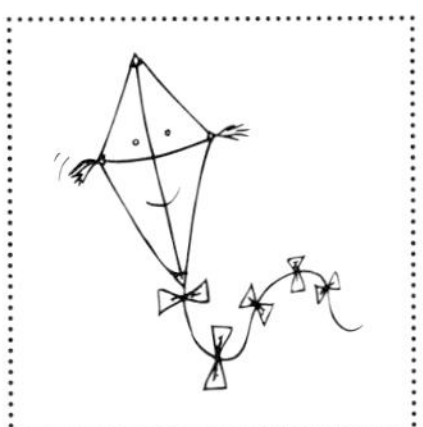

Winter

Sommer

Frühling

Herbst

BVK TH20 • Eva-Maria Schmidt • Themenheft „Winter 1./2. Klasse“

Die Kinder bauen einen Schneemann

- Sofia hat lange Haare.
- Nadja hat einen gestreiften Pullover an.
- Marius hat eine Sonnenbrille auf.
- Tim hat einen Handschuh verloren.
- Julian hat einen Schal mit Punkten um den Hals geschlungen.
- Lisa trägt ein Stirnband.

Aufgaben

Wie heißen die Kinder?

Lies die Sätze.

Schreibe die Namen auf die Linien.

Male die Bilder bunt aus.

BVK TH20 • Eva-Maria Schmidt • Themenheft „Winter 1./2. Klasse“

Winterspaß

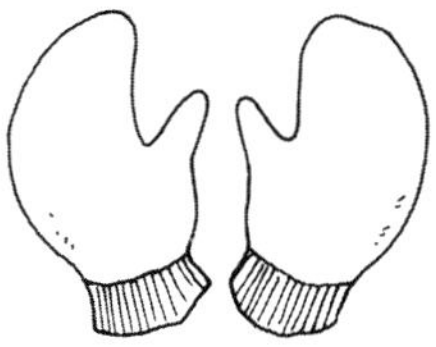

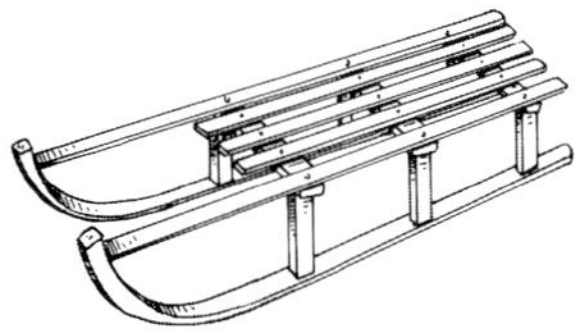

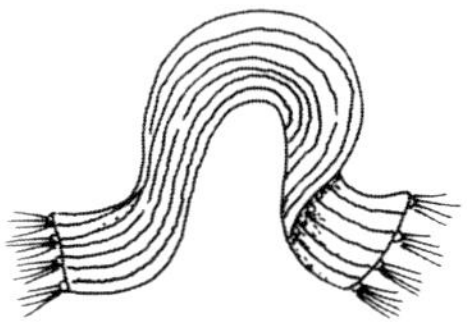

Aufgaben

Schreibe:

Schneemann – Handschuhe – Schlitten – Schlittschuhe – Schal – Kinder im Schnee – Schneebrille

Male die Bilder aus.

BVK TH20 • Eva-Maria Schmidt • Themenheft „Winter 1./2. Klasse“

Warme Wintersachen

Draußen ist es kalt.
Die Kinder ziehen warme Sachen an.
Nun frieren sie nicht mehr.

Aufgaben

- Lies den Text.
- Schaue dir die Kleidungsstücke an.
  Einige gehören hier nicht hin.
- Streiche sie durch.
- Male die Wintersachen bunt an.

BVK TH20 • Eva-Maria Schmidt • Themenheft „Winter 1./2. Klasse“

Schattenbilder

Aufgaben

Hier wirft die Wintersonne Schattenbilder.
Verbinde jeden Gegenstand und jedes Tier mit seinem Schatten.

BVK TH20 • Eva-Maria Schmidt • Themenheft „Winter 1./2. Klasse“

Winterbilder – Winterwörter

	Blaumeise	
Schlitten		Schal
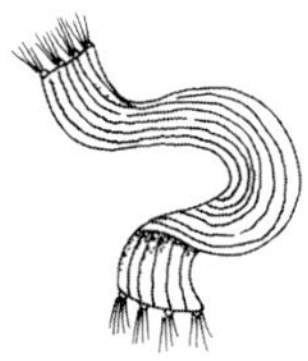	Schneemann	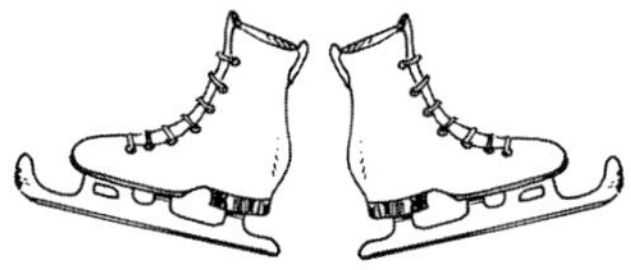
Handschuh	Tanne	
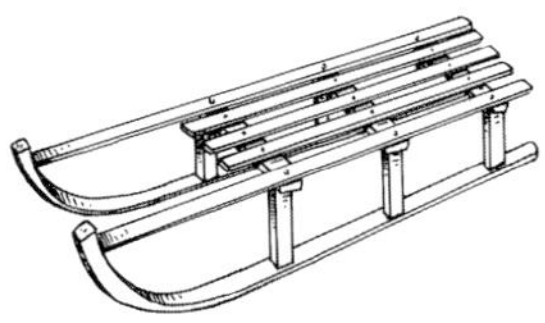	Schlittschuhe	Mütze

Male hier das fehlende Bild hinein:

Aufgaben

- Suche zu jedem Wort das passende Bild.
- Male die Wortkarte und das Bild jeweils in derselben Farbe bunt.
- Ein Bild musst du noch ergänzen.

BVK TH20 • Eva-Maria Schmidt • Themenheft „Winter 1./2. Klasse“

Themen-Heft

Winter

Findest du die Lösungswörter?

___ ___ ___ ___ ___ ___ ___

___ ___ ___ ___ ___

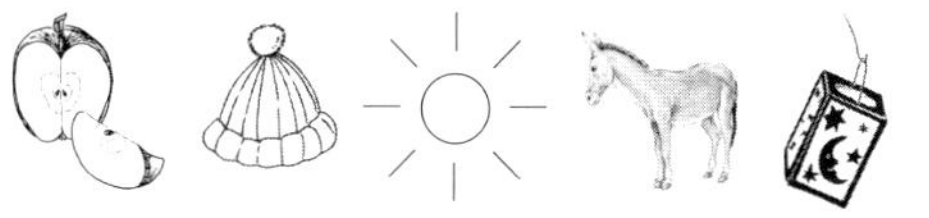

___ ___ ___ ___ ___

___ ___ ___ ___ ___ ___ ___ ___

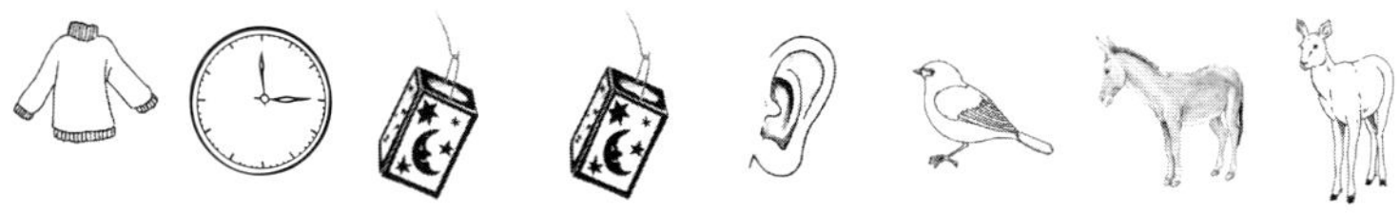

Aufgaben

- Schreibe die Anlaute zu jedem Bild und finde Lösungswörter.
- Male zu jedem Lösungswort ein passendes Bild.

Winter-Memory

BVK TH20 • Eva-Maria Schmidt • Themenheft „Winter 1./2. Klasse“

Eiskristalle

Eiskristalle sind immer sternförmig und haben sechs Strahlen.
Jede Schneeflocke besteht aus vielen Eiskristallen.

Aufgaben

- Schaue dir die Eiskristalle genau an.
- Zwei sind doppelt. Male diese blau aus.
- Lies den Text oben.
  Entwirf selbst Eiskristalle.
- Male sie auf die Rückseite dieses Arbeitsblattes.

BVK TH20 • Eva-Maria Schmidt • Themenheft „Winter 1./2. Klasse“

Kinder im Winter

Aufgabe

○ rot	■ lila	⬡ braun
● blau	△ orange	⬢ schwarz
□ gelb	▲ grün	rosa (für alle Gesichter)

Male das Bild in den richtigen Farben aus.

BVK TH20 • Eva-Maria Schmidt • Themenheft „Winter 1./2. Klasse“

Versteckte Monatsnamen (1)

Aufgaben

- Hier haben sich alle zwölf Monate eines Jahres versteckt. Findest du sie?
- Kreise die Monatsnamen ein.
- Schneide nun die Bilder aus und ordne sie den Monaten richtig zu. Die Zahlen helfen dir dabei.
- Schreibe dann die Monate in der richtigen Reihenfolge untereinander auf ein Linienblatt.
- Male nun auf dein Blatt auch zu jedem Monat ein passendes kleines Bild.

Q W G I J A N U A R G E F B N J K Ä

C F E W T I Ä J F E B R U A R O L V

G Z K L Ö A W M Ä R Z C F E O Ü Y

H E T M U K Ü A P R I L C A Q W E Ö

M A I F E P T Z M W S D E K U Q P I

M J N H B G J U N I C F D X S Y A Ö

BVK TH20 • Eva-Maria Schmidt • Themenheft „Winter 1./2. Klasse“

Versteckte Monatsnamen (2)

Q A W S E N R J U L I R F T G Z H L

D E A U G U S T G T Z H U Ö Y W P

Ü P L A K I J S E P T E M B E R X E

O T I U J U H O K T O B E R G T R F

T G Z Y N O V E M B E R D E F Ö P I

W S D R I Z D E Z E M B E R F R T Y

1

2

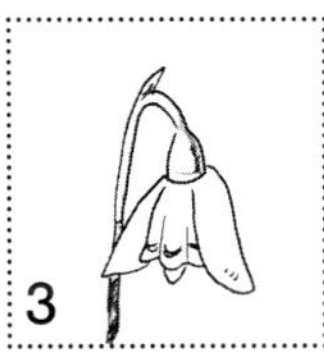
3

4

5

6

7

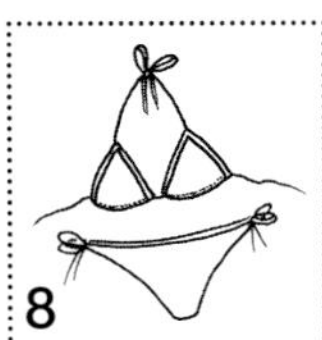
8

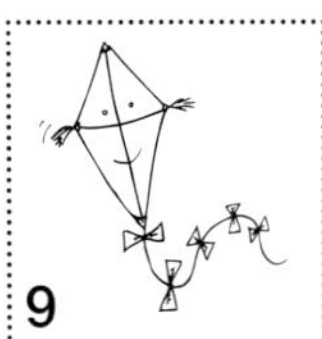
9

10

11

12

BVK TH20 • Eva-Maria Schmidt • Themenheft „Winter 1./2. Klasse“

Winter

Wörtersuche

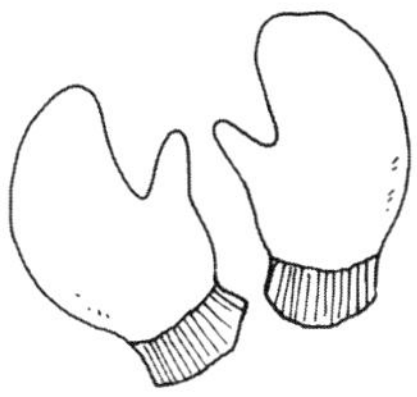

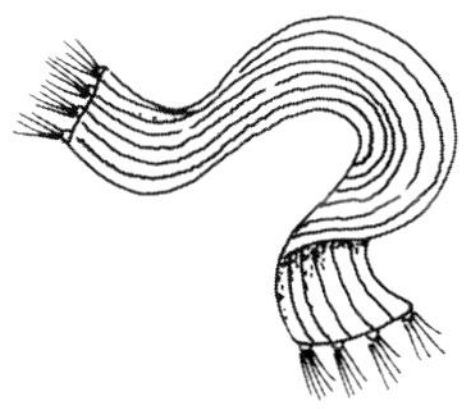

B	Q	A	W	S	R	T	Z	M	R	H
L	Y	M	I	C	P	Ü	Ä	Ü	Ö	A
A	L	S	C	H	L	I	T	T	E	N
U	K	E	Z	L	H	G	F	Z	D	D
M	S	L	A	I	Y	X	C	E	V	S
E	V	B	T	T	M	Q	Y	Q	X	C
I	X	W	Y	T	A	N	N	E	D	H
S	C	F	R	S	T	G	V	Ü	G	U
E	T	Z	H	C	B	N	K	U	I	H
K	M	S	C	H	A	L	O	L	W	E
Ü	Ö	A	Ä	U	W	T	W	P	Ü	A
X	E	V	T	H	U	J	N	K	L	P
S	C	H	N	E	E	M	A	N	N	Ä

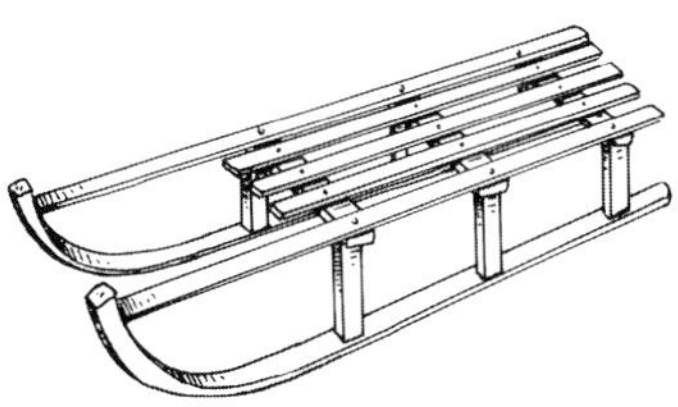

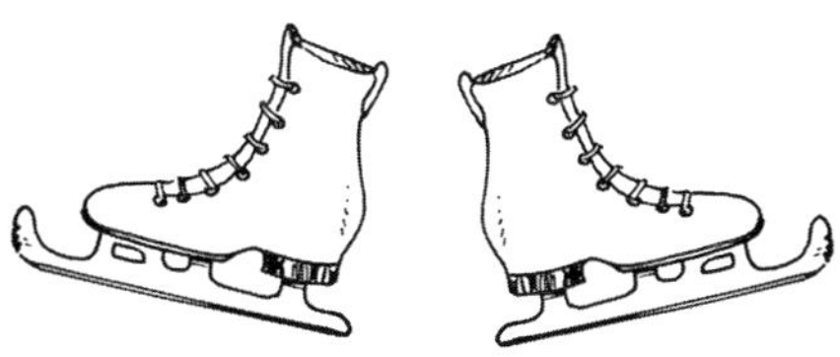

Aufgaben

Suche die Wörter zu den Bildern.
Du findest sie → und ↓.
Male die Felder mit Buntstiften aus.
Schreibe die Wörter auf ein Linienblatt ab.

BVK TH20 • Eva-Maria Schmidt • Themenheft „Winter 1./2. Klasse“

Zwölf Monate hat ein Jahr

Das Jahr

Januar und Februar,
mit diesen Monaten startet das Jahr.

Karneval ist oft im März,
da macht man gerne einen Scherz.

Nun folgt April, dann kommt der Mai.
Den Sommer sehnt man schon herbei.

Im Juni, Juli und August
macht heißes Wetter aufs Schwimmen Lust.

September und Oktober folgen dann.
Die Blätter fallen von den Bäumen – es bleibt keines dran.

November und Dezember bilden den Schluss.
Die Weihnachtsplätzchen sind ein Genuss.

Bianca Köppe

Aufgaben

Schreibe das Gedicht ab.
Lerne die Monatsnamen in der richtigen Reihenfolge auswendig.
Kannst du das Gedicht auch aufsagen?

BVK TH20 • Eva-Maria Schmidt • Themenheft „Winter 1./2. Klasse“

Das machen wir im Winter

Im Winter sind die Tage kurz
und die Nächte lang.
Es ist kalt draußen und
es regnet oder schneit viel.
Was können die Kinder machen?

Marius und Tim bauen einen Schneemann.

Nadja spielt Flöte.

Nils spielt am Computer.

Mara und Jan fahren mit ihren Schlitten.

Sofia liest ein Buch.

Ich ______________________________

______________________________.

Aufgaben

- Lies, was die Kinder im Winter machen.
- Verbinde die Sätze mit den passenden Bildern.
- Male, was du gern im Winter machst.
- Schreibe einen Satz zu deinem Bild auf die Linien.

BVK TH20 • Eva-Maria Schmidt • Themenheft „Winter 1./2. Klasse“

Winter

Im Winter

Draußen liegt Schnee. Die Kinder bauen einen .

Eine  wird die Nase und ein alter  wird der Hut.

Dann rodeln sie mit dem 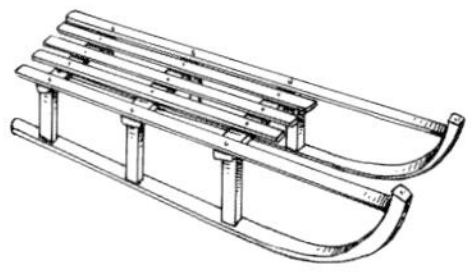 den Hang hinunter.

Mama stellt für die  ein Futterhäuschen auf.

Nils schüttet  hinein.

Schneemann

Möhre

Topf

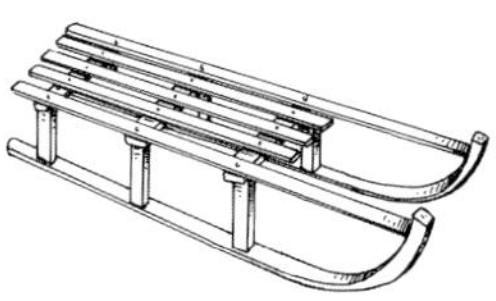

Schlitten

Vögel

Körner

Aufgaben

Lies den Text.
Schreibe den Text ab und setze für die Bilder die richtigen Wörter ein.

Kreuz und quer durch den Winter

Aufgabe

Schreibe die Wörter zu den Bildern.
Schreibe in jedes Kästchen nur einen Buchstaben.

BVK TH20 • Eva-Maria Schmidt • Themenheft „Winter 1./2. Klasse“

Winter-Domino

Aufgaben

Schneide die Domino-Karten aus.
Suche dir einen oder zwei Mitspieler.
Legt die Karten richtig aneinander.
Dein Domino wird schöner, wenn du die Bilder bunt malst.

Start	Sie schützt meinen Kopf vor Kälte.
	Damit rodle ich den Hügel hinunter.
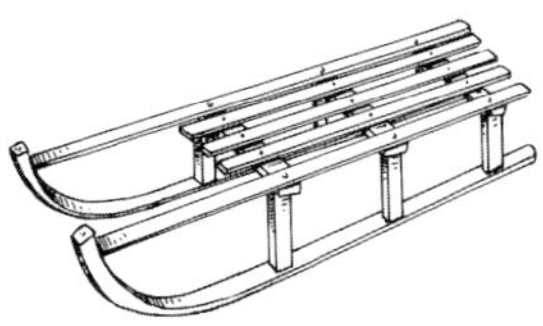	Ich ziehe sie an meine Füße und fahre damit über das Eis.
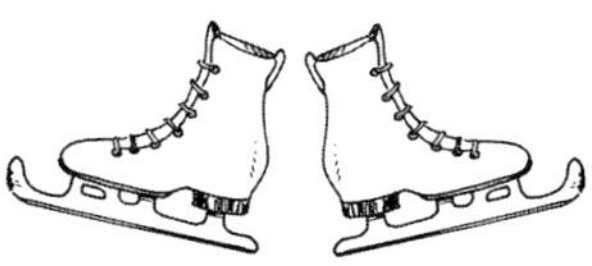	Sie schützen meine Hände vor der Kälte.
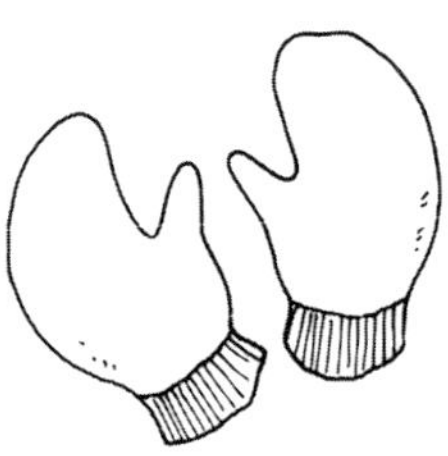	Er hält meinen Hals schön warm.
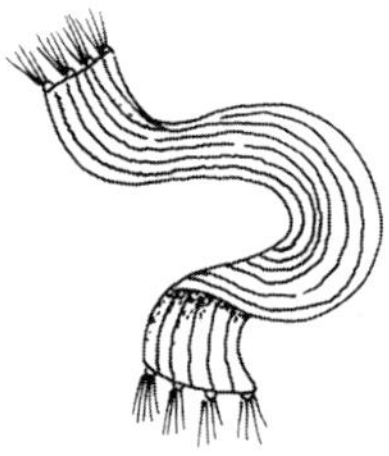	Viele davon bilden eine Schneeflocke.
	Dieser Vogel lebt am Südpol.
	Dieser Mann hat eine Möhre als Nase.
	Dieser Baum bleibt im Winter grün.
	**Ende**

BVK TH20 • Eva-Maria Schmidt • Themenheft „Winter 1./2. Klasse“

Im Karneval (1)

Aufgaben

- Lies die Sätze.
- Schneide die Sätze und die Bilder aus.
- Klebe die Bilder und Sätze zueinander passend auf ein Blatt.
- Male die Bilder so aus, dass sie zu den Sätzen passen. Du musst dazu auf die Farben achten oder im Bild etwas ergänzen.

Tim geht als Indianer. Er hat Pfeil und Bogen in der Hand.

Die Prinzessin hat ein rosa Kleid an.

Die Hexe reitet auf ihrem braunen Besen.

Der Clown sieht lustig aus mit seiner roten Nase.

Marius ist ein Seeräuber. Auf seinem rechten Auge hat er eine Augenklappe.

Der Zauberer hält seinen blauen Zauberstab in der linken Hand.

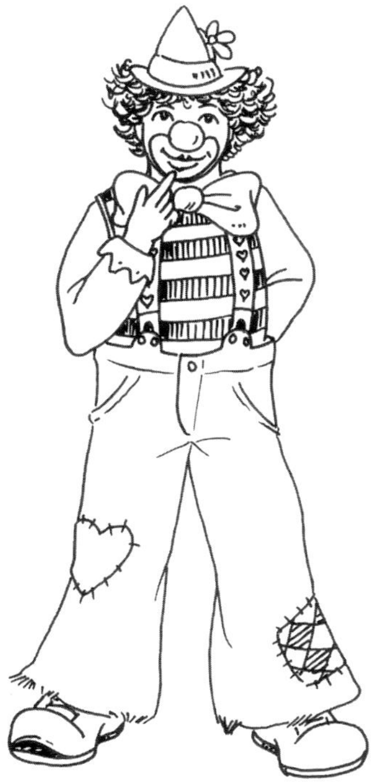

Im Karneval (2)

BVK TH20 • Eva-Maria Schmidt • Themenheft „Winter 1./2. Klasse“

Tiere in Schnee und Eis

Diese Tiere leben am Nordpol oder am Südpol.
Dort ist es immer sehr kalt.
Ihr dickes Fell schützt die Tiere gut vor der Kälte.

Eisbär – Pinguin – Seehund – Schneehase – Polarfuchs

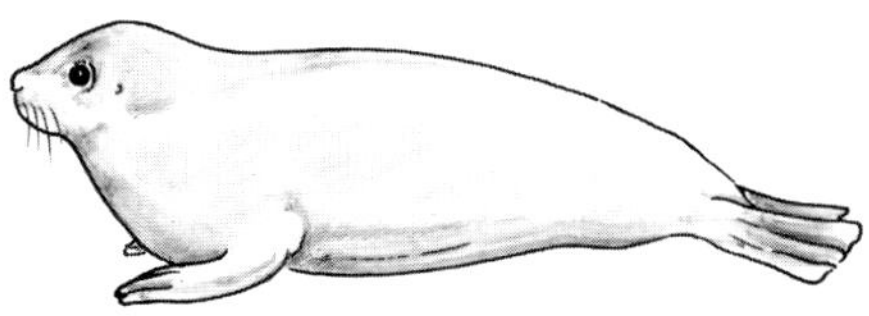

Aufgaben

- Schreibe die Namen der Tiere auf die Linien.
- Schreibe den Text mit der Überschrift ab.

BVK TH20 • Eva-Maria Schmidt • Themenheft „Winter 1./2. Klasse“

Rechnen und malen

Aufgaben

Rechne und
male die Felder so aus:

2 = orange	4 = braun	6 = blau	8 = dunkelgrün
3 = schwarz	5 = gelb	7 = rot	9 = hellgrün

BVK TH20 • Eva-Maria Schmidt • Themenheft „Winter 1./2. Klasse“

Wir bauen einen Schneemann

Hut	dick
Nase	alt
Augen	rot
Schal	rund
Knöpfe	schwarz
Bauch	bunt

Mein Schneemann hat einen alten Hut.

Aufgaben

Wie sieht dein Schneemann aus?

- Verbinde die Wörter. Das Beispiel hilft dir.
- Bilde nun Sätze und schreibe sie auf.

BVK TH20 • Eva-Maria Schmidt • Themenheft „Winter 1./2. Klasse“

Bei jedem Wetter die richtige Kleidung

- Badehose
- Mütze
- Regenjacke
- Handschuhe
- Gummistiefel
- Hose
- Anorak
- Badeanzug
- Schal

Aufgaben

Male Kinder in die Bilder.
Sie sollen richtig gekleidet sein.
Verwende alle Kleidungsstücke, die oben in der Liste stehen.
Du darfst auch Kleidungsstücke doppelt nehmen.

Schreibe weitere Kleidungsstücke, die deine Kinder tragen, auf die Linien.

BVK TH20 • Eva-Maria Schmidt • Themenheft „Winter 1./2. Klasse"

Winterwörter

~~Frost~~ Schneematsch

Handschuhe

Schal Hagel

Nebel

Mütze

Glatteis

Schneesturm

Mantel

Pullover

Wetter	Kleidung
der Frost	

Aufgaben

Ordne die Winterwörter in die Tabelle ein.
Schreibe jeweils den passenden Begleiter zu den Namenwörtern.
Fallen dir noch weitere Wörter ein?
Schreibe sie auch in die Tabelle.

BVK TH20 • Eva-Maria Schmidt • Themenheft „Winter 1./2. Klasse“

Rätsel

Ich bin kein ____________________ und auch kein Busch.

Aber ich habe doch viele ______________________ .

Die fallen nicht nur im ____________________ herunter,

sondern jeden Tag verliere ich ein ___________________ .

Auch wenn gar kein __________________ bläst.

Und beim letzten Blatt stoßen wir an und wünschen uns

„Ein frohes neues _____________________ !“

Wind – Baum – Jahr – Blatt – Blätter – Herbst

Aufgaben

1. Lies den Text und schreibe die fehlenden Wörter in die Lücken. Kannst du das Rätsel lösen?
2. Schreibe den vollständigen Text auf ein Linienblatt ab. Erfinde selbst eine Überschrift, die das Rätsel lösen würde.
3. Male dazu.
4. Lies noch einmal die vierte Zeile des Textes. Weißt du, wie viele Blätter insgesamt gemeint sind?
5. Schreibe deine Antwort mit auf das Blatt und begründe sie.

BVK TH20 • Eva-Maria Schmidt • Themenheft „Winter 1./2. Klasse“

Winter

Von A bis Z durch den Winter

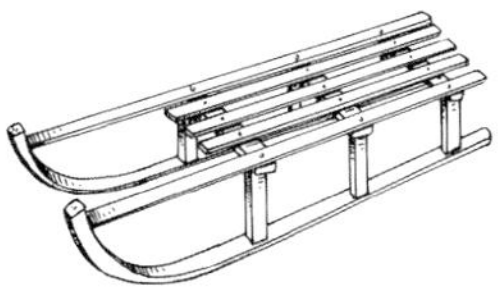

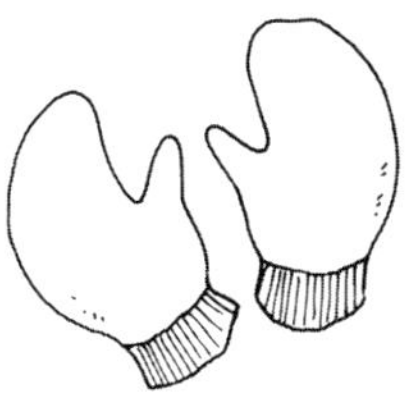

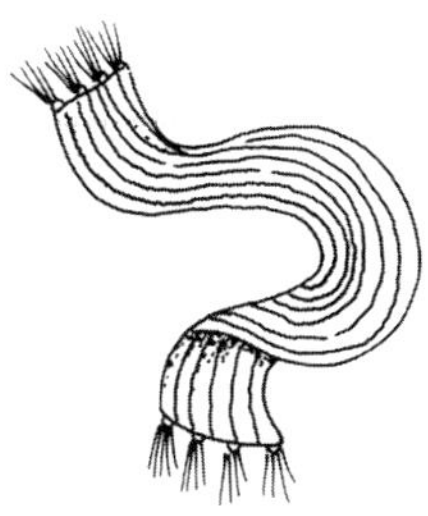

Schneemann
Schlitten
Schnee
Eis
Weihnachten
Tannenbaum
Neujahr
Silvester
Januar
Februar
Dezember
Kälte
Glatteis
Daunenjacke
Mütze
Schal
Handschuhe

Aufgaben

1. Ordne diese Winterwörter nach dem ABC.
   Tipp: Wenn der erste Buchstabe in mehreren Wörtern gleich ist, musst du sie nach dem zweiten, dritten ... Buchstaben sortieren.
2. Male die Bilder bunt.

BVK TH20 • Eva-Maria Schmidt • Themenheft „Winter 1./2. Klasse“

Den Winter malen

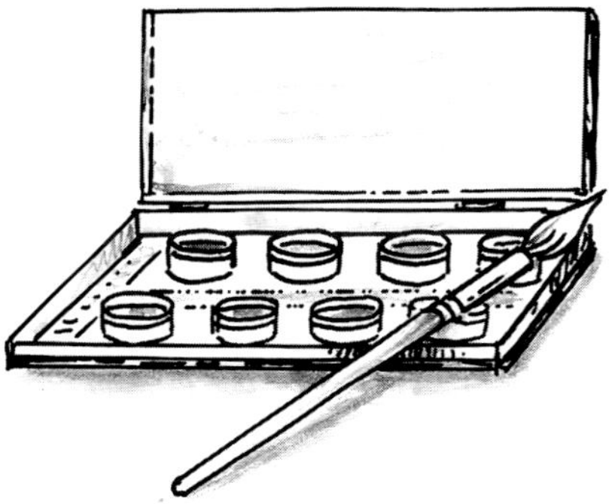

Ich male mir den Winter

Ich male ein Bild,
ein schönes Bild,
ich male mir den Winter.
Weiß ist das Land.
schwarz ist der Baum,
grau ist der Himmel dahinter.

Sonst ist da nichts,
da ist nirgends was,
da ist weit und breit nichts zu sehen.
Nur auf dem Baum,
auf dem schwarzen Baum
hocken zwei schwarze Krähen.

Aber die Krähen,
was tun die zwei,
was tun die zwei auf den Zweigen?
Sie sitzen dort
und fliegen nicht fort.
Sie frieren nur und schweigen.

Wer mein Bild besieht,
wie's da Winter ist,
wird den Winter durch und durch spüren.
Der zieht einen dicken Pullover an
vor lauter Zittern und Frieren.

Josef Guggenmos

aus: Josef Guggenmos,
Sonne, Mond und Luftballon,
Tb Beltz & Gelberg in der
Verlagsgruppe Beltz,
Weinheim & Basel

Aufgaben

1. Wenn du das Gedicht aufmerksam gelesen hast, kennst du schon deine nächste Aufgabe: Male ein Bild vom Winter, wie er im Gedicht beschrieben ist. Nimm dazu ein Blatt von deinem großen Zeichenblock quer und knicke es einmal in der Mitte. Nun hast du zwei Hälften von DIN A4-Größe. Male auf die eine Seite dein Bild.
2. Schreibe das Gedicht auf ein Schmuckblatt ab und klebe es auf die andere Blatthälfte.

BVK TH20 • Eva-Maria Schmidt • Themenheft „Winter 1./2. Klasse"

Ein Winterbild

Aufgaben

1. Schneide die Puzzleteile aus.
2. Setze das Puzzle zu einem Winterbild zusammen.
3. Klebe es auf ein Blatt.
4. Male das Winterbild bunt. Achte darauf, für die Pflanzen und Tiere solche Farben zu wählen, die sie in der Natur haben.
5. Auf diesem Winterbild kannst du viele Einzelheiten erkennen.
   Schreibe die Namen der Tiere auf.
   Schreibe so: 1. ____________________
   2. ____________________ ...

BVK TH20 • Eva-Maria Schmidt • Themenheft „Winter 1./2. Klasse“

Am 31. Februar

Am einunddreißigsten Februar
wird schwarze Tinte wie Wasser klar,
die Schnecken gewinnen gegen die Hasen
beim Wettlauf auf dem Stadionrasen,
aus Mauselöchern kommen Elefanten,
zur Schule gehen statt der Kinder die Tanten
und Stühle gehen auf allen vieren
neben dem Zebrastreifen spazieren,
ein Bus sagt auf dem Gemüsemarkt
zu zwei Polizisten: „Hier wird nicht geparkt!“
Verkehrsschilder suchen sich ein Versteck,
im Supermarkt laufen die Kassen weg,
das Rathaus bekommt ein’ Nasenstüber,
es geht eben alles drunter und drüber –
denn faustdicke Lügen werden wahr
am einunddreißigsten Februar.

Hans Baumann

Aufgaben

1. Lies das Gedicht.
2. Schreibe es auf ein Linienblatt ab.
3. Im Gedicht ist ziemlich viel Unsinn beschrieben.
   Male viele Einzelheiten aus dem Gedicht auf dein Blatt.
4. Überlege, warum das Gedicht „Am 31. Februar“ heißt.
   Schreibe deine Erklärung mit auf dein Blatt.

BVK TH20 • Eva-Maria Schmidt • Themenheft „Winter 1./2. Klasse“

Ein Geburtstagskalender (1)

Aufgaben

In diesen Kalender kannst du die Geburtstage von deiner Familie und von allen Freunden eintragen.

1. Schreibe zunächst die Monatsnamen in der Reihenfolge des Jahresablaufs in die Kästen. Wenn du dir nicht sicher bist, schaue in einem Kalender nach.
2. Trage zuerst dein Geburtsdatum ein.
   Wenn du zum Beispiel am 4. September geboren bist, dann trägst du deinen Geburtstag und deinen Namen in den September-Kasten ein und schreibst zum Beispiel so: 4. 9. Marius.
3. Frage nun deine Freunde nach ihren Geburtstagen und trage sie genauso ein.

1

2

3

4

BVK TH20 • Eva-Maria Schmidt • Themenheft „Winter 1./2. Klasse“

Ein Geburtstagskalender (2)

5

6

7

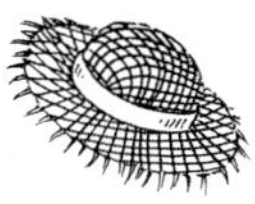

8

9

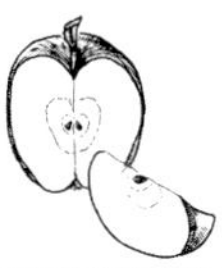

10

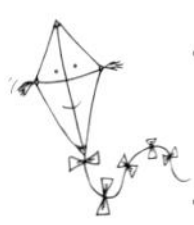

11

12

BVK TH20 • Eva-Maria Schmidt • Themenheft „Winter 1./2. Klasse“

Themen-Heft

Winter

Tiere im Winter

Dieses Tier hat ein mächtiges Geweih auf seinem Kopf.

Dieses Tier ist sehr scheu. Sein Fell ist braun.

Diese Tiere leben in Familiengruppen zusammen. Ihre Jungen nennen wir auch Frischlinge.

Dieses Tier siehst du selten im Winter. Es sucht nur kurz nach Nahrungsvorräten und schläft bald in seinem Nest weiter.

Dieses Tier ist ein kleines Raubtier. Es hat ein schönes rotbraunes Fell.

Diese Tiere verkriechen sich bei Kälte in ihrem unterirdischen Bau. Wir halten sie auch als Haustiere.

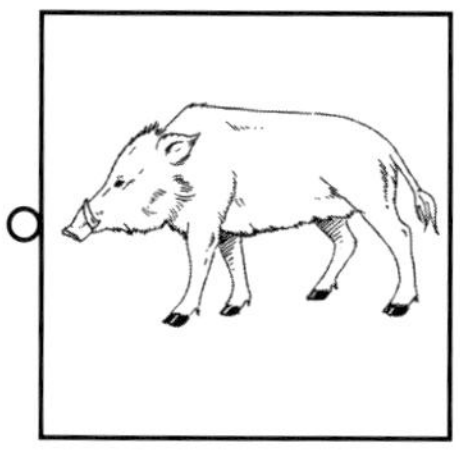

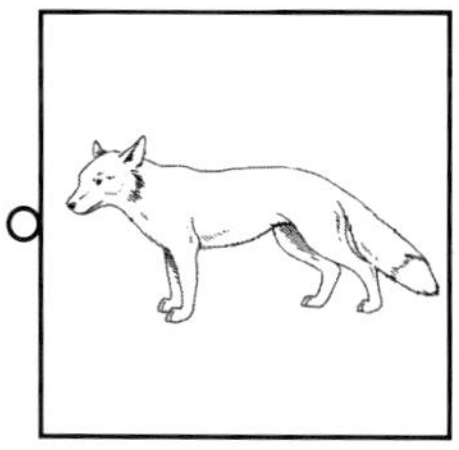

Aufgaben

Kennst du diese einheimischen Wildtiere?

1. Verbinde die Textkästen mit den passenden Bildern.
2. Schreibe den Namen des Tieres zu jedem Bild:
   Reh – Wildschwein – Hirsch – Fuchs – Kaninchen – Eichhörnchen
3. Male die Tierbilder so aus, wie die Tiere in der Natur aussehen.

BVK TH20 • Eva-Maria Schmidt • Themenheft „Winter 1./2. Klasse“

Wörter aus Schnee und Eis

- mann

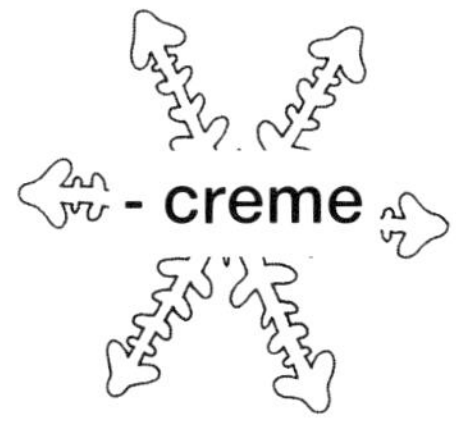

- creme

- hase

- sturm

Eis

- hockey

- flocke

- ball

- blume

Schnee

- glöckchen

- besen

- leopard

- zapfen

- bär

- wittchen

- hörnchen

Aufgaben

1. Wenn der hintere Wortteil mit Eis verbunden werden muss, male ein Eiskristall herum.
   Male um die Wörter mit Schnee einen Schneemann.
   Mache es genauso, wie in den Beispielen oben mit allen Wortteilen.
2. Schreibe nun alle Wörter als zusammengesetzte Namenwörter (**Nomen**) auf ein Linienblatt ab.
3. Male zu mindestens fünf Wörtern ein passendes Bild.

BVK TH20 • Eva-Maria Schmidt • Themenheft „Winter 1./2. Klasse“

Winter

NUN IST DER WINTER DA.

ES IST KALT. DIE KINDER ZIEHEN SICH WARM AN.

SIE BAUEN IM GARTEN EINEN SCHNEEMANN

UND RODELN DEN HANG HINUNTER.

SIE LEGEN DEN VÖGELN FUTTER INS FUTTERHÄUSCHEN.

ABENDS WIRD ES FRÜH DUNKEL.

Aufgaben

1. Lies den Text.
2. Unterstreiche jeden Satzanfang blau.
3. Unterstreiche alle Namenwörter (**Nomen**) rot.
4. Schreibe den Text nun in der richtigen Groß- und Kleinschreibweise auf die Linien ab. Beachte: Satzanfänge und Nomen werden großgeschrieben.

BVK TH20 • Eva-Maria Schmidt • Themenheft „Winter 1./2. Klasse“

Pinguine

Pinguine sind Vögel, aber sie können nicht fliegen. Dafür können sie sehr gut schwimmen und tauchen. In der Kälte am Südpol fühlen sie sich richtig wohl. Ihre Federn sind wasserabstoßend und so dicht, dass sie das Tier im Wasser wie ein Taucheranzug vor Nässe und Kälte schützen.

Hast du den Text verstanden?

Was sind Pinguine?
- ☐ Fische
- ☐ Vögel
- ☐ Säugetiere

Was können Pinguine nicht?
- ☐ schwimmen
- ☐ brüten
- ☐ fliegen

Was können Pinguine gut?
- ☐ brüten und fliegen
- ☐ schwimmen und tauchen
- ☐ fliegen und tauchen

Wo leben Pinguine?
- ☐ am Nordpol
- ☐ am Südpol
- ☐ in Afrika

Wie sind ihre Federn im Wasser?
- ☐ nass
- ☐ wasserabstoßend
- ☐ flauschig

Aufgaben

1. Lies den Text und schreibe ihn ab.
2. Beantworte die Fragen zum Text.
   Kreuze die richtigen Antworten an.
3. Bilde nun aus jeder Frage und der richtigen Antwort einen Satz.

Schreibe so: Pinguine sind Vögel.

Beachte: Jeder Satz endet mit einem Punkt.

BVK TH20 • Eva-Maria Schmidt • Themenheft „Winter 1./2. Klasse“

Ein kleiner Pinguin (1)

Aufgaben

1. Lies den Text.
2. Schneide die Textkarten aus.
3. Ordne die Textkarten nun richtig den Bildern zu und klebe sie auf.

Das Brutverhalten der Kaiserpinguine ist eine ganz besondere Leistung. Sie brüten bei eisigen Temperaturen. Nachdem das Weibchen ein Ei gelegt hat, ist das Männchen alleine für das Brüten zuständig. Es hält das Ei in seiner Bauchfalte warm. Während dieser Zeit muss das Männchen ohne Nahrung auskommen. Wenn das Pinguin-Küken geschlüpft ist, kümmert sich auch die Mutter wieder um ihr Junges. Nun wird es von beiden Eltern versorgt.

Papa wärmt den kleinen Pinguin auf seinen Füßen.	Das Pinguin-Weibchen hat ein Ei gelegt.
Nun wird der kleine Pinguin auch von Mama gefüttert.	Der kleine Pinguin kann nun auch schon selbst nach Fischen tauchen.
Der kleine Pinguin ist geschlüpft.	Das Pinguin-Männchen brütet das Ei aus.

BVK TH20 • Eva-Maria Schmidt • Themenheft „Winter 1./2. Klasse“

Ein kleiner Pinguin (2)

BVK TH20 • Eva-Maria Schmidt • Themenheft „Winter 1./2. Klasse“

Die Vögel im Baum (1)

Text 1:

Gestern beobachtete Tim einige Amseln und Meisen im Baum vor seinem Fenster.
Sie flatterten und zwitscherten munter.
Schnell holte Tim seinen Malblock und Stifte und malte ein Bild von ihnen.
Nach einiger Zeit flogen die Vögel davon.
„Schade“, dachte Tim.
Er ging zu seiner Mutter und schenkte ihr das Bild.
Sie lachte und freute sich.

Text 2:

Tim beobachtet einige Amseln und Meisen im Baum vor seinem Fenster.
Sie flattern und zwitschern munter.
Schnell holt Tim seinen Malblock und Stifte und malt ein Bild von ihnen.
Nach einiger Zeit fliegen die Vögel davon.
„Schade“, denkt Tim.
Er geht zu seiner Mutter und schenkt ihr das Bild.
Sie lacht und freut sich.

BVK TH20 • Eva-Maria Schmidt • Themenheft „Winter 1./2. Klasse“

Die Vögel im Baum (2)

Vergangenheit	Gegenwart (Jetzt-Zeit)
er beobachtete	er beobachtet

Aufgaben

1. Lies beide Texte. Entdeckst du Unterschiede?
2. Unterstreiche alle Tuwörter (**Verben**) in den Texten. Sie haben sich verändert. Du findest sie, wenn du die Texte Satz für Satz genau vergleichst. Das Beispiel hilft dir.
3. Trage die Tuwörter (**Verben**) in die Tabelle ein. Schreibe immer *er / sie* dazu.
4. Schreibe nun den oberen Text ab.
5. Male ein Bild zum Text.

BVK TH20 • Eva-Maria Schmidt • Themenheft „Winter 1./2. Klasse“

Wir bauen einen Schneemann

~~Hut~~

Nase

dick

rund

~~alt~~

Knöpfe

Augen

Schal

rot

Bauch

schwarz

bunt

Mein Schneemann hat einen alten Hut.

Aufgaben

1. Wie sieht dein Schneemann aus?
2. Beschreibe ihn genau. Wähle jeweils ein Namenwort (**Nomen**) und ein Wiewort (**Adjektiv**) aus und bilde daraus einen Satz wie in dem Beispiel.

BVK TH20 • Eva-Maria Schmidt • Themenheft „Winter 1./2. Klasse"

Achtung Glatteis!

Hier rutschen Wörter auseinander:

Schneemann ______________________________

Mütze ______________________________

Handschuh ______________________________

Schlitten ______________________________

Schlittschuhe ______________________________

Vogel ______________________________

Blaumeise ______________________________

Amsel ______________________________

Tanne ______________________________

Aufgaben

1. Schreibe die Winterwörter in Silben getrennt auf.
2. Trenne auch andere Winterwörter:

   Nordpol – Südpol – Eisbär – Pinguin – Schneehase – Schneefuchs

   Sprich die Namenwörter und klatsche dazu:

   Nord – pol
3. Schreibe die Wörter in Silben auf ein Linienblatt.
4. Überlege dir eigene Winterwörter und schreibe sie in Silben getrennt auf.

BVK TH20 • Eva-Maria Schmidt • Themenheft „Winter 1./2. Klasse“

Winter

Winter

BVK TH20 • Eva-Maria Schmidt • Themenheft „Winter 1./2. Klasse“

Lösungen

Zu S. 8: Eine Schneeballschlacht

Zu S. 21: Eiskristalle

Zu S. 25: Wörtersuche

B		A		S				M		H
L		M		C				Ü		A
A		S	C	H	L	I	T	T	E	N
U		E		L				Z		D
M		L		I				E		S
E				T						C
I				T	A	N	N	E		H
S				S						U
E				C						H
		S	C	H	A	L				E
				U						
				H						
S	C	H	N	E	E	M	A	N	N	

BVK TH20 • Eva-Maria Schmidt • Themenheft „Winter 1./2. Klasse“

Lösungen

Zu S. 29: Kreuz und quer durch den Winter

							S				
							C				
					S	C	H	A	L		
							L				
			S	C	H	L	I	T	T	E	N
							T				
							T				
		S					S				
		C					C				
		H					H				
H	A	N	D	S	C	H	U	H	E		
		E					H				
		E					E				
	A	M	S	E	L						
		A									
T	A	N	N	E							
		N									

Zu S. 37: Winterwörter
siehe S. 60

Zu S. 38: Rätsel
Ich bin kein **Baum** und auch kein Busch. Aber ich habe doch viele **Blätter**.
Die fallen nicht nur im **Herbst** herunter, sondern jeden Tag verliere ich ein **Blatt**. Auch wenn gar kein **Wind** bläst. Und beim letzten Blatt stoßen wir an und wünschen uns „Ein frohes neues **Jahr**!“
(Lösung: Kalender)

Zu S. 41: Ein Winterbild
1. Hase
2. Amsel
3. Spatz
4. Blaumeise
5. Reh
6. Eichhörnchen

Zu S. 48: Pinguine
Pinguine sind Vögel.
Pinguine können nicht fliegen.
Pinguine können gut schwimmen und tauchen.
Pinguine leben am Südpol.
Ihre Federn sind wasserabstoßend.

BVK TH20 • Eva-Maria Schmidt • Themenheft „Winter 1./2. Klasse“

Lösungen

Zu S. 49 / 50: Ein kleiner Pinguin

	Das Pinguin-Weibchen hat ein Ei gelegt.
	Das Pinguin-Männchen brütet das Ei aus.
	Der kleine Pinguin ist geschlüpft.
	Papa wärmt den kleinen Pinguin auf seinen Füßen.
	Nun wird der kleine Pinguin auch von Mama gefüttert.
	Der kleine Pinguin kann nun auch schon selbst nach Fischen tauchen.

BVK TH20 • Eva-Maria Schmidt • Themenheft „Winter 1./2. Klasse“

Lösungen

Zu S. 51 / 52: Die Vögel im Baum

Vergangenheit	Gegenwart (Jetzt-Zeit)
er beobachtete	er beobachtet
sie flatterten	sie flattern
sie zwitscherten	sie zwitschern
er holte	er holt
er malte	er malt
sie flogen	sie fliegen
er dachte	er denkt
er ging	er geht
er schenkte	er schenkt
sie lachte	sie lacht
sie freute sich	sie freut sich

Zu S. 37: Winterwörter

Wetter	Kleidung
der Frost	die Handschuhe
der Schneematsch	der Schal
der Hagel	die Mütze
der Nebel	der Pullover
der Schneesturm	der Mantel
das Glatteis	...
...	...
...	...